REMARQUES

SUR LES

PROJETS DE VOIRIE

DANS LE

QUARTIER DU MONT-RIBOUDET

PAR

François DEPEAUX

ARMATEUR

Avenue du Mont-Riboudet

ROUEN. — DÉCEMBRE 1901

REMARQUES

SUR LES

PROJETS DE VOIRIE

DANS LE

QUARTIER DU MONT-RIBOUDET

PAR

François DEPEAUX

ARMATEUR

Avenue du Mont-Riboudet

———

ROUEN. — DÉCEMBRE 1901

A Monsieur MARCEL CARTIER, *Maire de Rouen.*

Monsieur le Maire,

Il y aura bientôt deux ans, je pris la liberté d'appeler votre attention sur le tort considérable que ferait à notre quartier et à la Ville de Rouen, l'exécution d'un projet important, un des plus importants qui aient été élaborés jusqu'ici par le Service de la Voirie.

Il s'agissait de voies à créer dans les prairies du Mont-Riboudet, projet approuvé, à l'insu de la plupart des intéressés, par un arrêté préfectoral en date du 3 août 1898. Je n'espérais guère alors — pourquoi ne l'avouerai-je pas? — que ma démarche auprès de vous aurait un résultat favorable, puisqu'il y avait « fait accompli ».

Vous avez bien voulu écouter mes critiques, et, à la suite de notre entretien, me demander de les formuler en une note, avec plans à l'appui.

Je tiens à vous remercier; car si vous aviez été moins soucieux de l'avenir de Rouen, il vous eût été facile de me répondre qu'il n'y avait pas à discuter un projet approuvé *par arrêté préfectoral.*

C'eût été réponse administrative; mais vous avez pensé que pareille réponse n'eût pas été digne du Maire d'une grande cité et qu'il ne faut pas hésiter à revenir sur une décision prise, s'il est démontré que cette décision est contraire à l'intérêt public.

Je me conformai donc à votre demande.

Muni de ma note et des plans qui l'accompagnaient, vous avez saisi de mes remarques le Conseil municipal et vous m'avez convoqué à l'une de ses séances afin que je puisse développer devant lui mes arguments.

De plus — innovation heureuse — vous avez saisi de la question notre Chambre de Commerce, défenseur naturel du port, gravement menacé par le projet en question.

L'avis de la Chambre de Commerce a été de modifier profondément le plan du service de la Voirie :

1° — En supprimant les Rues n°ˢ 2, 3, 4, 5, 6 et 7, de façon à réserver dans les prairies du Mont-Riboudet une superficie de terrains suffisante pour y créer un bassin à flot le jour, plus proche que certains ne pensent, où les quais de la rive droite auront atteint Croisset. C'était ce que je demandais ;

2° — En déplaçant la rue Nansen pour la mettre, suivant ma proposition, dans le prolongement de la route de Maromme, ce qui aura pour avantages : de la faire aboutir normalement à la Seine, d'assurer une communication plus directe avec le fleuve et de rendre plus facile, dans l'avenir, l'établissement de rapports entre les deux rives (1) ;

3° — En déplaçant aussi la rue de Lillebonne pour la mettre, comme je l'indiquais, à cheval sur le chemin

----

(1) A ce sujet, nous appelons l'attention de l'Administration et du Conseil municipal de Rouen, ainsi que de l'Administration et du Conseil municipal de Petit-Quevilly, sur l'intérêt qu'il y aurait, *alors que la chose est encore possible*, à créer sur la rive gauche des rues dans le prolongement de celles de la rive droite, notamment pour les rues Nansen et Nétien.

Il ne faut pas oublier le vilain effet que produit la communication établie — chacun peut voir comment — entre le boulevard Cauchoise et la rue Jean-Rondeaux, parce que ces deux voies ne sont pas en face l'une de l'autre et qu'elles n'aboutissent pas normalement au fleuve.

Un pont à transbordeur placé au bas de la rue Nansen mettrait en *communication directe* avec Bapeaume, Déville, Maromme et cette vallée industrielle, les usines de Petit-Quevilly et du quartier Saint-Sever, ainsi que l'ancienne île Méru, maintenant affectée aux dépôts de combustibles et de bois de construction.

qui dessert les parties nord et sud des prairies du Mont-Riboudet ;

4° — *En supprimant la Rue n° 9, reconnue inutile, et, en tout cas, trop rapprochée des rues Nétien et n° 10.*

Du projet de la Voirie, il ne restait donc intacte **que la Rue n° 10.**

Si la Chambre de Commerce ne s'en est pas occupée, bien que faisant partie du projet qui lui était soumis, c'est en raison de ce que cette rue paraissait être plus une voie urbaine que commerciale, et surtout parce que M. l'Adjoint qui représentait l'Administration municipale auprès de la Chambre de Commerce pria cette Assemblée de ne pas la mettre en discussion.

La Chambre de Commerce fit droit à la demande de M. l'Adjoint, et, dans sa délibération, il n'est question de la Rue n° 10 que pour dire « que la Chambre s'en désintéresse ».

A la suite de la délibération de la Chambre de Commerce, tout en éprouvant quelque satisfaction qu'elle ait consacré mes critiques sur les points du projet du Service de la Voirie qui lui ont été soumis, je crus devoir renouveler mes protestations contre le tracé proposé pour la Rue n° 10.

Mes nouvelles protestations vous fournirent l'occasion de montrer, une fois de plus, le souci que vous avez de ne pas prendre parti dans une question aussi importante avant que le débat ne soit épuisé et sans avoir pu juger en connaissance de cause.

A cet effet, vous avez convoqué, sur les lieux mêmes, le 8 juin dernier, une Assemblée du Conseil municipal.

A la suite de cette réunion, le service de la Voirie reçut de vous l'ordre d'étudier, pour la direction à donner à la Rue n° 10, un nouveau tracé conforme à la demande des intéressés.

Peu de temps auparavant, un autre projet, pour les artères qu'il est maintenant nécessaire de créer dans les anciens prés Saint-Filleul, afin de mettre les nouvelles rues projetées dans les prairies du Mont-Riboudet en communication avec le centre de la ville, avait été présenté par M. l'Ingénieur-Voyer.

C'est de ce nouveau projet que je désire montrer les inconvénients, en même temps qu'exposer les avantages, pour la Rue n° 10, du tracé demandé par le Conseil municipal sur celui du Service de la Voirie.

Mais, avant d'entreprendre ce travail, j'ai voulu en expliquer les origines, vous remercier des facilités que vous m'avez données, ainsi que de l'appui que j'ai trouvé tant auprès de vous que de M. l'Adjoint Bourgeou, chargé du Service de la Voirie.

Veuillez croire, Monsieur le Maire, à mes sentiments dévoués.

FR. DEPEAUX.

REMARQUES [1]

SUR LES PROJETS DE VOIRIE

POUR LE

QUARTIER DU MONT-RIBOUDET

Le projet que présente le Service de la Voirie procède des mêmes idées que celles qui ont présidé à la confection du plan pour les prairies du Mont-Riboudet. On voit immédiatement que les deux projets sont du même auteur.

Ce sont encore terrains coupés en biais, sans souci de leurs formes, rues se croisant à angles aigus (voir le plan spécial faisant ressortir ce grave inconvénient), voies trop nombreuses en certains endroits, oubli des besoins de la circulation, des intérêts des propriétaires et de l'avenir de la Ville et du quartier.

D'après le plan qui nous a été remis, M. l'Ingénieur-Voyer a divisé les voies de son nouveau projet en quatre catégories, savoir :

1° — *Les voies approuvées par arrêté préfectoral du 3 août 1898;*

2° — *Les voies approuvées par délibération (du Conseil municipal) du 5 avril 1901;*

---

(1) Pour comprendre les remarques et les explications qui vont suivre, il est nécessaire d'avoir sous les yeux les trois plans que nous avons fait imprimer à cet effet, savoir: *Projet du Service de la Voirie. — Plan montrant les angles formés par ce projet. — Projet Depeaux.*

3° — *Le passage Burette et le prolongement indiqué par le Conseil municipal;*

4° — *Enfin, les voies complémentaires proposées par le Service de la Voirie.*

Voici les remarques qui nous paraissent devoir être faites sur chacune de ces voies ou groupes de voies :

1° — VOIES APPROUVÉES
PAR ARRÊTÉ PRÉFECTORAL
DU 3 AOUT 1898.

Toute voie nouvelle doit, selon nous, répondre aux besoins non seulement du présent mais aussi de l'*avenir* — car qu'est le présent à côté de l'avenir *infini?* — elle doit satisfaire le plus grand nombre, sans nuire autant que possible aux intérêts particuliers; assurer les communications entre points aussi éloignés l'un de l'autre que possible et augmenter la valeur des terrains qu'elle traverse. Pour cela, il faut — autant que faire se peut — conserver à ces terrains les formes presque toujours régulières que leur ont données les premiers occupants ; or, les rues nouvelles proposées ne répondent à aucune de ces conditions.

Les voies approuvées par l'arrêté préfectoral du 3 août 1898 se composent, dans le projet dont il s'agit, de : la *Rue de Lillebonne*, de la *Rue n° 9* (qui, toutefois, n'est pas indiquée sur le plan) et de la *Rue n° 10*.

Rue de Lillebonne. — M. l'Ingénieur-Voyer, malgré l'opinion de la majorité du Conseil municipal, la délibération de la Chambre de Commerce et l'opinion unanime de la Presse rouennaise, a maintenu sur son plan, à la rue de Lillebonne, la direction qu'il lui avait primitivement donnée. Il est vrai que cette direction a été approuvée par l'arrêté préfectoral du 3 août 1898, derrière lequel

M. l'Ingénieur-Voyer tient à se retrancher ; mais, puisqu'elle a été critiquée de toutes parts et qu'il s'agit d'un plan *nouveau* soumis à l'examen du Conseil municipal, il semble qu'on aurait dû faire figurer le tracé demandé par la délibération de la Chambre de Commerce, consultée à cet effet.

En ne tenant aucun compte de cette délibération et de cette unanimité d'opinion, M. l'Ingénieur-Voyer veut-il nous montrer qu'il n'est pas homme à admettre la critique et à abandonner ses projets ?

Il nous en avait déjà fourni la preuve en donnant des alignements et en faisant remblayer des terrains suivant son projet, *après* que le Conseil municipal avait décidé de surseoir à son exécution.

Cette manière, quelque peu arbitraire, d'agir, provoqua, de la part d'habitants du quartier du Mont-Riboudet, la lettre suivante :

Rouen, le 27 février 1901.

MONSIEUR LE MAIRE,

A la suite des protestations qui se sont élevées contre le projet de voies à créer dans les prairies du Mont-Riboudet, tel qu'il avait été établi par le Service de la Voirie, le Conseil municipal de Rouen avait décidé de surseoir à l'adoption — à fortiori à l'exécution — de ce projet avant d'avoir l'opinion (ce qui a paru très sage) de la Chambre de Commerce de Rouen, représentant naturel des intérêts industriels et commerciaux de la région, si fortement intéressée à tout ce qui touche à notre port.

La question est encore à l'étude à la Chambre de Commerce ; aussi, n'est-ce pas sans étonnement que nous avons constaté que, depuis la décision du Conseil municipal, des remblais de toutes sortes — desquels les marcs de pommes et les ordures ne sont pas absents — sont journellement apportés sur les terrains où, d'après le projet du Service de la Voirie, devraient passer la rue de Lillebonne et la Rue n° 10, comme pour bien montrer que *c'est là, et non pas ailleurs, qu'il faudra* que passent ces voies nouvelles.

En outre, le Service de la Voirie engage les propriétaires à se clore sur les alignements du projet *encore à l'étude.*

Que M. le Chef de ce Service ait été contrarié de l'insuccès de son projet, nous le comprenons, mais qu'il agisse ou laisse faire ses Agents dans un but qui paraît être de forcer la main, exposant ainsi la Ville à de nouvelles dépenses, cela nous semble dépasser les limites de son pouvoir, et c'est pourquoi nous avons cru devoir vous le signaler.

Veuillez.....

Le résultat de cette lettre fut qu'on ne donna plus d'alignements suivant un projet sur lequel on avait été obligé de revenir, et que l'on interdit d'apporter des remblais dans les rues chères à M. l'Ingénieur-Voyer.

La direction maintenue à la rue de Lillebonne, sur le projet aujourd'hui à l'étude, nous oblige à rappeler ici les inconvénients *multiples* que cette direction présente.

D'abord, elle rendrait plus difficile la création du bassin à flot projeté dans les prairies du Mont-Riboudet, puisqu'elle se rapprocherait davantage du fleuve que le tracé que nous avons préconisé et qui a été approuvé par la Chambre de Commerce.

Ensuite, en supposant que ce bassin soit construit plus petit qu'il n'en est actuellement question, et que, de ce fait, la rue de Lillebonne puisse être prolongée jusqu'à la route de Canteleu, il faudrait, d'après le projet du Service, lui faire traverser *six fois* la rivière de Clères et Cailly ou détourner cette rivière, ce qui, dans un cas comme dans l'autre, serait un travail important et très coûteux. De plus, la rue de Lillebonne, ainsi prolongée, aboutirait à un endroit où le carrefour à créer serait *en pente,* ce qu'il est important d'éviter.

D'après le tracé que nous avons proposé, c'est-à-dire en mettant la rue de Lillebonne *à cheval* sur le chemin qui, partant de la rue Nétien, dessert actuellement les prairies du Mont-Riboudet, la rue de Lillebonne, si on doit la prolonger (1) au-delà de la rue Nansen, n'aurait alors à traverser *que deux fois* la rivière de Clères et Cailly et aboutirait en ligne droite *au point le plus bas* de la route de Canteleu. On pourrait alors créer en cet endroit un rond-point parfaitement plat qui servirait de point de départ d'une route nouvelle se dirigeant vers l'église de Bapeaume et qui, ainsi, mettrait en valeur les prairies de cette commune — futurs terrains industriels — actuellement sans issue.

En outre, en plaçant la rue de Lillebonne à cheval sur le chemin des prairies, on supprime ce chemin ; *on évite une perte importante* de terrains et l'existence d'une impasse dans la même direction et très rapprochée d'une voie large de 18 mètres ; on ne morcelle pas les prairies du sud, qui ont le plus de valeur, puisqu'elles sont les plus rapprochées du fleuve ; on donne satisfaction *à tous* les propriétaires, puisqu'on assure un débouché *à tous* les terrains sur l'artère projetée. Par conséquent, on trouvera ces propriétaires plus conciliants le jour où il s'agira de discuter avec eux.

Enfin, en mettant la rue de Lillebonne sur le chemin des prairies, on la fait passer *au milieu* de la rue Nétien et *en son point le plus bas*, ce qui n'est pas sans importance au point de vue de l'écoulement des eaux.

Rue n° 9. — Sur son nouveau projet, le Service de la Voirie a supprimé la Rue n° 9, se conformant en cela aux vœux du Conseil municipal, de la Chambre de Commerce et du public ; on ne s'explique pas, alors, qu'il n'ait pas modifié

---

(1) Nous disons « si on doit la prolonger », car, d'après un très vaste projet de bassins à flot, dont la Chambre de Commerce a été saisie à la suite de notre projet, la rue de Lillebonne s'arrêterait à la rue Nansen, toutes les prairies, depuis cette rue jusqu'aux coteaux de Canteleu, étant consacrées à la construction de ces bassins ou des terre-pleins qui les entoureraient.

la direction de la rue de Lillebonne pour la rendre conforme
aux mêmes vœux.

Rue n° 10. — Le tracé de cette rue a déjà été la cause
de nombreux débats, tant au Conseil municipal, à la Commission de la Voirie, que dans le public et dans la presse
locale. La Chambre de Commerce, seule, s'en est désinté-
ressée ; nous avons expliqué pourquoi.

La Rue n° 10 a été le sujet principal des discussions auxquelles a donné lieu le premier projet du Service de la Voirie.

Pourquoi, de ce projet, subsiste-t-elle *seule ?*

Est-ce à son origine qu'elle le doit ?

Est-ce parce qu'elle a été tracée à la demande d'une lettre
« sans signature » ?

Nous sommes plutôt porté à croire que, dans un but qui
s'explique, l'Administration municipale désire éviter au
Chef du Service de la Voirie un échec *complet.*

Mais, alors, pourquoi choisir un aussi mauvais terrain,
défendre une rue contre laquelle se sont élevés non seulement tous les intéressés, mais aussi tous ceux qui ne sont
pas indifférents à l'avenir de notre ville ; une rue dont on a
pu dire qu'elle était « *un défi au bon sens* » ?

Le fait que le tracé de la Rue n° 10 a été décidé à la
demande d'une lettre sans signature, par conséquent
dans un intérêt particulier, doit empêcher qu'elle ne soit
approuvée sans un examen approfondi.

Ce nous est un devoir de reconnaître que l'Administration
municipale, tout en laissant percer son désir que le tracé
de la Rue n° 10 soit maintenu comme le propose le Service
de la Voirie, a fourni au Conseil municipal et au public
toutes facilités pour juger en connaissance de cause.

Le Conseil municipal a été convoqué sur place afin qu'il
puisse se rendre compte « du pour et du contre » des deux
tracés proposés : celui du Service et le nôtre.

Au sujet de cette convocation, nous nous permettrons

d'exprimer le regret que les intéressés n'aient été entendus, car, *sur place*, il leur eût été facile de faire ressortir tous les inconvénients du projet qu'ils combattent.

Bien qu'il ne soit pas aisé de discerner le « pour » et le « contre » d'un tracé sans l'avoir longuement étudié, ou lorsque l'on n'a entendu que *la cloche qui sonne pour*, nous sommes convaincu que MM. les Conseillers municipaux qui se sont rendus à la convocation du Maire auront remarqué :

— Que le tracé primitif proposé par le Service de la Voirie, pour la Rue n° 10, — teinté en rose sur son plan, — ne suit pas la direction naturelle des terrains, puisqu'au contraire ceux-ci sont *traversés en biais*.

— Que ce tracé créerait une artère bizarre, puisque, sur une longueur de 400 mètres environ, elle aurait *trois directions* et *trois largeurs* différentes : **14 mètres** à son point de départ du côté du boulevard de Croisset, **12 mètres** à partir de la rue de Lillebonne jusqu'à l'avenue du Mont-Riboudet, et **10 mètres** seulement à partir de celle-ci jusqu'à la rue de Constantine, c'est-à-dire dans la partie déjà existante, nommée rue Mogador.

De telle sorte que la Rue n° 10 ou *rue Mogador prolongée* aurait l'aspect d'un télescope développé... et cassé.

DESSIN EXPLICATIF

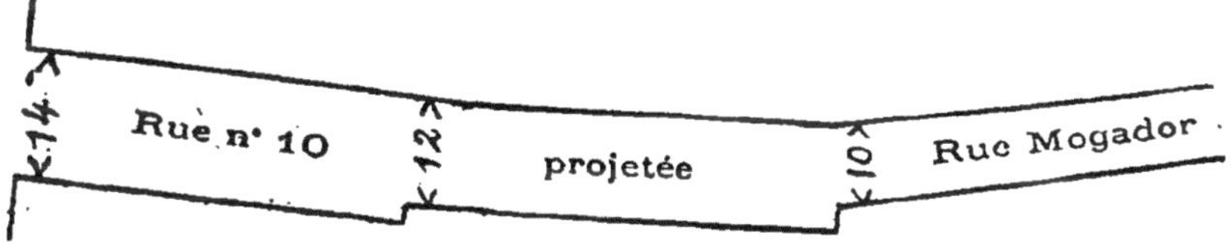

On répondra probablement qu'il serait possible de remédier à l'inconvénient que nous signalons, en élargissant la rue Mogador et en la portant à 12 mètres. Dans ce cas, la rue aurait encore deux largeurs, 14 et 12 mètres, et ce serait, à notre sens, une dépense inutile, étant donné le peu de trafic que, *par sa direction même*, la rue Mogador est appelée à desservir. En outre, si l'on faisait cette dépense, il faudrait qu'elle soit ajoutée au prix de revient de la Rue n° 10 telle qu'elle a été projetée.

MM. les Conseillers municipaux auront également remarqué l'angle aigu (9 degrés) — dans lequel aucune construction ne serait possible — que forme la Rue n° 10 avec le passage Burette.

M. l'Ingénieur-Voyer prétend qu'il serait aisé de faire disparaître cet angle en détournant le passage, pour qu'il aboutisse, par un angle droit, à la rue projetée. Cette solution ne nous paraît pas réalisable, parce que le propriétaire de la partie supérieure du passage (adversaire du projet de la voirie, qui le lèse) a un droit imprescriptible, qu'il n'abandonnera pas, d'*accès en droite ligne* à la Seine.

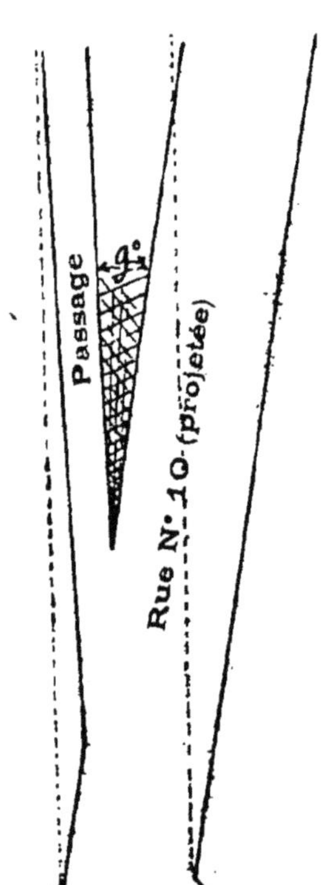

L'adoption du tracé de la voirie, pour la Rue n° 10, aurait donc pour résultat de créer deux voies, l'une large de 6 mètres, l'autre de 14 mètres, partant *du même point* et suivant la *même direction*. Dans le cas à peu près similaire, de la rue de Lillebonne et du chemin de servitude voisin de celle-ci, la majorité du Conseil municipal, la Chambre de Commerce, la Presse locale tout entière, après M. le Commissaire-Enquêteur, ont pensé qu'il était désirable que la rue couvrit ce chemin pour le faire disparaître.

Pourquoi *cette unanimité* d'opinion n'existerait-elle pas quand il s'agit de la Rue n° 10 et du passage Burette?

Un autre inconvénient à l'adoption du tracé du Service de la Voirie serait de *perdre inutilement du terrain*, puisqu'il y aurait un passage de 6 mètres à côté d'une rue de 14 mètres, alors qu'une seule voie suffirait.

Cette voie devrait être le passage élargi pour *en faire une rue* qu'il serait facile de prolonger jusqu'à la rue de la Croix-d'Yonville, ainsi que l'a demandé, du reste, le Conseil municipal, puisqu'*aucun obstacle* ne se trouve dans cette direction; elle pourrait être prolongée ensuite de la rue de la Croix-d'Yonville jusqu'à la rue du Renard, en passant le long du talus du chemin de fer.

L'adoption de ce tracé, qui est celui désiré par la grande majorité des habitants du quartier, aurait pour avantages :

1° — De mettre en *communication directe* avec nos quais les rues de la Croix-d'Yonville, du Renard, le quartier qui se développe au nord du remblai du chemin de fer, la rue Chasselièvre et le Mont-Saint-Aignan.

Pour augmenter encore cette facilité de communication, nous demanderions que la Rue n° 10, ainsi créée, soit, à partir de la rue de la Croix-d'Yonville, divisée en deux branches se dirigeant : l'une vers l'Est, l'autre vers l'Ouest.

La construction de la branche vers l'Est permettrait de supprimer la rue de la Croix-d'Yonville dans la partie où elle est *inaccessible aux voitures*, c'est-à-dire entre la rue Mustel et la rue du Renard. Ce serait du terrain, en bonne exposition, dont la Ville pourrait se servir pour échanger contre celui qui sera nécessaire pour construire la branche Est de la Rue n° 10.

La branche Ouest serait aussi utile que sa voisine, puisqu'elle mettrait également en communication avec nos quais tout le quartier de la rue du Renard situé à l'ouest de la deuxième voûte du chemin de fer.

2° — De faire disparaître le ruisseau, *véritable foyer d'infection* qui existe entre la rue de la Croix-d'Yonville et l'avenue du Mont-Riboudet ; par conséquent, d'assainir ce quartier.

La rue nouvelle utiliserait donc, dans cette partie, un espace qui est actuellement *nuisible, inutilisable* et *perdu pour tous*. Et ce ruisseau, qui a été créé suivant la plus grande pente des eaux, serait remplacé avec avantage par un égout établi suivant cette pente.

3° — De donner de la valeur à des terrains qui n'en ont guère actuellement, et de permettre d'y construire des habitations ou établissements, ce qui serait chose facile, puisque les terrains traversés par cette rue auraient conservé, pour la plupart, leurs formes rectangulaires.

Ces avantages sont tellement évidents, qu'à la suite de la réunion du Conseil municipal du 8 juin dernier, le Service de la Voirie reçut l'ordre d'étudier, pour la Rue n° 10, un nouveau tracé en utilisant le passage Burette. C'est le tracé qui, sur le plan soumis actuellement à l'examen, est figuré par une teinte bleue.

Nous aurions voulu étudier les deux projets au point de vue de la dépense que chacun d'eux occasionnerait à la Ville, mais les éléments nous manquent pour nous livrer à cette étude.

Toutefois, à première vue, il paraît *évident* que le tracé par le passage Burette serait beaucoup moins onéreux, puisque les propriétaires du passage, dans le but de faciliter la création de la Rue n° 10 dans la même direction, sont disposés à céder leurs droits sur ce passage, les uns totalement, les autres en partie ; tous feraient un sacrifice.

Or, comme le passage a 330 mètres de longueur sur 6 mètres de largeur, c'est donc 1,980 mètres que la Ville n'aurait pas à acheter.

Il y aurait, en outre, une économie importante pour la partie comprise entre l'avenue du Mont-Riboudet et la rue de la Croix-d'Yonville, puisque, par le recouvrement du ruisseau qui part de l'impasse du Meslier pour se diriger vers la Seine, on utiliserait des terrains jusqu'alors *inutili-sables*, et, par conséquent, sans valeur.

Mais, dira-t-on peut-être, nous avons déjà des terrains achetés et en partie remblayés pour la création de la Rue n° 10, telle elle a été projetée par le Service de la Voirie et approuvée par arrêté préfectoral ?

Aucune difficulté n'est à craindre à ce sujet, puisque les propriétaires auxquels on a pris ces terrains, et qui, tous, sont opposés au tracé de M. l'Ingénieur-Voyer, sont prêts à les racheter à la Ville *aux prix auxquels elle les a payés*.

Les propriétaires ne demandent qu'une chose, c'est que les frais d'actes ne soient pas à leur charge, et on admettra que leur prétention est raisonnable, car ce n'est pas à eux de payer pour les erreurs commises par le Service de la Voirie.

Quelques propriétaires demanderont peut-être à être indemnisés des dépenses de remblai et de clôture qu'ils ont encourus. Leur donner satisfaction ne serait encore que juste, car ce n'est pas à ces propriétaires de supporter les frais qui ont été *volontairement créés* par M. l'Ingénieur-Voyer, qui n'a pas craint de laisser remblayer les terrains, et de donner des alignements suivant un tracé qu'il savait être soumis à une nouvelle étude.

Un des inconvénients du tracé de la Rue n° 10, tel qu'il a été proposé par le Service de la Voirie et approuvé par l'arrêté préfectoral du 3 août 1898, le plus grave à nos yeux, est d'avoir donné naissance au projet qui consisterait à créer, à l'extrémité nord de la rue Mogador, une place de laquelle partiraient en éventail deux rues se dirigeant l'une vers l'Ouest, l'autre vers le Nord-Est.

C'est le point de départ du projet qui est actuellement présenté sous la rubrique : *Voies approuvées par délibération du 5 avril 1901.*

Passons donc à l'examen de ce projet.

2° — VOIES APPROUVÉES PAR DÉLIBÉRATION DU 5 AVRIL 1901.

L'approbation donnée par le Conseil municipal à la création de voies desquelles dépendent l'avenir de tout un quartier ainsi que des intérêts particuliers considérables, et ce, sur la simple proposition de M. l'Ingénieur-Voyer, nous amène à protester contre des errements que nous considérons comme regrettables.

Cette approbation a été donnée sans que les intéressés aient été appelés à présenter leurs objections, sans même qu'ils aient été prévenus des expropriations qui les menacent.

Nous ne pouvons reconnaître comme équitable et juste une manière de faire qui consiste à disposer, fût-ce dans l'intérêt général, des biens d'autrui, *sans même l'en prévenir*.

Il nous semble que des travaux de voirie importants qui engagent l'avenir de la Ville et des intérêts particuliers souvent considérables devraient, *avant d'être mis sur le papier*, être discutés par une Commission spéciale devant laquelle les intéressés seraient convoqués pour présenter leurs objections et dont, au point de vue des intérêts généraux du quartier et de l'esthétique de la ville, feraient partie, lorsqu'il s'agit de travaux importants, tels que la transformation d'un quartier, quelques personnes que leurs fonctions ou leur aptitudes désigneraient à cet effet.

Si l'on avait agi ainsi, le projet des voies dans les prairies du Mont-Riboudet n'aurait pas vu le jour ; c'eût été une économie importante de travail et d'argent pour les services municipaux, et il n'y aurait pas eu lieu de revenir sur un projet approuvé quoique contraire aux intérêts de tous : Ville, port, commerce, industries et particuliers ; enfin, nous n'aurions pas à combattre aujourd'hui un autre projet qui est contraire aux intérêts de tout un quartier.

Nous n'ignorons pas qu'il est très difficile, impossible même, de concilier tous les intérêts et tous les goûts, et que l'intérêt général doit les primer ; mais nous pensons que, dans la plupart des cas, l'intérêt général ne serait nullement lésé parce que l'on aurait tenu compte, *dans une certaine mesure*, des intérêts particuliers.

Nous croyons, au contraire, que l'intérêt général y trouverait avantage, car il est facile de comprendre que les expropriés *de vive force* ne sont pas enclins à faire des concessions, mais qu'ils sont, au contraire, disposés à exagérer leurs demandes.

On nous répondra qu'une enquête publique a lieu ; cela est vrai, mais cette enquête a lieu *après coup*, quand il est trop tard pour modifier les plans établis à grands frais.

Le Service de la Voirie ne serait pas amoindri par l'adoption de cette manière de faire, et ainsi pourraient être écartées avant le jour de l'enquête publique les objections et protestations qui, quelquefois, obligent à revenir sur un projet prêt à être mis à exécution.

On admettra que, de cette façon, tout projet soumis à l'approbation du Conseil municipal et à l'enquête publique serait moins exposé à être combattu, ainsi que cela a eu lieu pour celui des prairies du Mont-Riboudet et, comme tel est encore le cas, pour le projet des prés Saint-Filleul.

Rues projetées. — Dans le projet qui nous occupe aujourd'hui, ce sont encore rues coupant en tous sens les terrains des prés Saint-Filleul, autrement dit du quartier du Mont-Riboudet.

Comme ces voies ne sont désignées par aucun nom, ni aucun numéro, nous ne nous occuperons d'elles qu'en bloc.

Ces rues *en travers* répondent-elles à des besoins présents ou à des nécessités de l'avenir ?

Nous n'hésitons pas à répondre **non, certainement non.**

Quel doit être le but de nouvelles artères dans le quartier du Mont-Riboudet ? C'est de le mettre, ainsi que le faubourg maritime, commercial et industriel qui, par la suite, se créera plus vers l'Ouest, en communication *directe avec le centre* de la ville ; c'est de pousser à la construction d'immeubles en créant des rues qui divisent le quartier en ilots de formes autant que possible régulières et de superficies à peu près égales, ainsi que l'ont fait nos prédécesseurs pour la partie de la ville comprise entre le boulevard Cauchoise et les rues du Renard, de Lecat et le quai du Mont-Riboudet.

On admettra que le projet du Service de la Voirie ne répond à aucun de ces buts.

Ce sont encore terrains traversés en biais, avec tous les angles aigus et obtus qui en résultent, et qui sont aussi préjudiciables les uns que les autres à la construction d'immeubles, enfin trop de rues dans la partie Ouest.

Quelle nécessité y a-t-il de créer une place à l'extrémité de la petite rue Mogador, si ce n'est pour expliquer le prolongement que l'on voudrait donner à cette rue vers la Seine ?

A quoi, ou à qui, serviraient ces rues partant de la dite place pour aboutir, l'une au carrefour des rues de la Croix-d'Yonville et de la Carue, l'autre à la place du lavoir Saint-Filleul ?

Sont-ce les maraichers de la partie Ouest de la rue de la Croix-d'Yonville ou les habitués du lavoir qui utiliseraient ces nouvelles voies pour venir — quoi faire ? — rue Mogador ou sur le quai ?

S'est-on rendu compte de l'utilité qu'aurait la voie projetée aboutissant au carrefour des rues de la Croix-d'Yonville et de la Carue ?

On a dit que cette rue a été tracée à la demande d'un Membre du Conseil municipal dont elle traverserait les terrains ; nous ne pouvons y croire.

Quelles constructions — habitations ou établissements — pourrait-on édifier sur des terrains ainsi coupés en biais et formant des angles de 19, 20, 23, 31, 34, 35, 38, 40, 41 ou 57 degrés ?

Poser la question, c'est la résoudre. Ces terrains, ainsi morcelés, ne pourraient *jamais* être utilisés pour des entreprises de quelque importance ; par conséquent, leur valeur serait diminuée.

Il en serait de même des terrains traversés et coupés en biais par la rue qui part du point de jonction des rues de Constantine et Saint-Filleul pour aboutir *à l'escalier* de la rue de Tanger, ainsi que par le prolongement de la rue de Crosne, tel le propose le Service de la Voirie.

Nous avons entendu dire à M. l'Ingénieur-Voyer que les propriétaires qui seraient gênés par les angles aigus que formeraient leurs terrains, pourraient se tirer facilement de difficulté en en achetant à leurs voisins.

Quel est celui *qui achèterait à l'autre*, et où est l'autorité qui fixerait les prix d'achat pour éviter les difficultés innombrables qui surgiraient entre tous ces propriétaires ?

Nous engageons vivement ceux de nos concitoyens qui désirent se rendre compte du préjudice causé aux propriétés urbaines par une voie les traversant en biais, à aller rue François-Arago. Qu'ils en examinent les deux côtés, principalement dans la partie comprise entre la place des Emmurées et la rue du Pré-Bonne-Nouvelle.

Ces enquêteurs consciencieux verront si les propriétaires dont les terrains ont été réduits en triangles ou en trapèzes les ont vendus à leurs voisins, ou en ont acheté de ceux-ci ; ils pourront apprécier la valeur de ces terrains par le genre de clôture qui les sépare de la rue et par l'usage qu'en font les occupants.

Qu'ils examinent les quelques maisons construites depuis l'ouverture de la rue.

Nous recommandons spécialement à leur attention la maison qui fait l'encoignure de la rue des Emmurées, du côté de l'École d'apprentissage. Nous ne leur demanderons pas ce qu'ils en pensent, car nous sommes certain qu'après cet examen, ils estimeront comme nous qu'il n'est pas admissible que l'on fasse *dans les villes*, à moins de nécessité absolue, des rues traversant en biais les propriétés.

Pour démontrer que les angles aigus n'empêchent pas la construction d'habitations, M. l'Ingénieur-Voyer cite volontiers la maison édifiée à l'angle de l'avenue du Mont-Riboudet et de la rue de Constantine. Nous lui ferons remarquer : d'abord, que le terrain sur lequel cette maison a été construite ne se termine pas absolument en pointe, et nous lui dirons ensuite que ce ne sont pas des immeubles d'aussi peu d'importance dont il faut préparer la construction dans le quartier qui doit faire suite à ceux de Cauchoise et de la Madeleine.

Elargissement de la rue de Constantine. — Parmi les voies approuvées par la délibération du 5 avril 1901, se trouve l'élargissement de la rue de Constantine entre le carrefour du Mont-Riboudet et la rue d'Alger.

Pourquoi cet élargissement puisque, dans cette partie, la rue de Constantine est déjà de 2 mètres (10 mètres au lieu de 8) plus large qu'entre la rue d'Alger et la place de la Madeleine ?

Nous ne supposons pas que l'on ait l'espoir ou la prétention de pouvoir élargir ensuite cette seconde partie, en raison des nombreuses habitations qu'il faut exproprier et démolir. A quoi bon, alors, porter la première à 12 mètres ?

Une rue peut être comparée à un tube ; or, chacun sait que le débit d'un tube est en raison de la section de sa partie *la plus étroite*, et qu'il ne sert à rien d'élargir un de ses bouts sans augmenter l'autre dans la même proportion.

Qu'on ne fasse donc pas la *dépense inutile* d'élargir la rue de Constantine entre la rue d'Alger et le carrefour du Mont-Riboudet. Il y a beaucoup d'autres travaux auxquels cette dépense pourrait être plus sagement consacrée.

Du reste, avec le prolongement de la rue de Crosne jusqu'au carrefour du Mont-Riboudet, le besoin d'élargir la rue de Constantine ne se ferait plus sentir.

3' — PASSAGE BURETTE ET PROLONGEMENT
SUIVANT LE TRACÉ
INDIQUÉ PAR LE CONSEIL MUNICIPAL.

Ce tracé, — indiqué par une teinte bleue sur le plan du Service, — diffère de celui que nous avons préconisé, en ce qu'à partir de la rue de Constantine, il s'infléchit vers l'Ouest, dans le double but, nous a-t-il semblé, de faire disparaître l'impasse du Meslier et d'éviter la démolition d'une maison pour le passage de la Rue n° 10 dans la partie comprise entre la rue de la Croix-d'Yonville et la rue du Renard.

Nous devons faire remarquer que si l'on évite la démolition d'une maison, il faudra, par contre, en soutenir une autre ; ce qui sera un travail dispendieux et laid d'aspect, qui aura, en outre, l'inconvénient de réduire l'intervalle existant entre les deux maisons, lequel n'est déjà que de 11 m. 50. La Rue n° 10, réduite à 10 mètres de largeur, pourra-t-elle passer dans cet intervalle, et quel sera l'effet de ces deux *pignons formant façade* sur une rue? N'y a-t-il pas un règlement de voirie qui l'interdit ?

A ce tracé, nous faisons une autre objection, c'est qu'il créera une rue qui ne sera pas droite, alors qu'elle pourrait l'être, avec un peu plus de frais il est vrai.

Par contre, nous lui reconnaissons l'avantage de mieux suivre que le tracé en ligne droite la direction des terrains entre les rues de Constantine et de la Croix-d'Yonville.

Nous admettrions donc volontiers le tracé demandé par le Conseil municipal *si le passage entre les deux maisons est possible,* mais nous demanderions alors que l'infléchissement vers l'Ouest commençât à l'avenue du Mont-Riboudet, au lieu de la rue de Constantine ; ceci aurait pour avantages de mettre la rue plus complètement à cheval sur le ruisseau qu'il s'agit de faire disparaître en le remplaçant par un aqueduc, et de rendre moins sensible le coude formé par cet infléchissement, puisque les deux parties de la rue qui n'auraient pas la même direction seraient séparées par l'avenue du Mont-Riboudet, qui est large et garnie d'arbres.

4° — VOIES COMPLÉMENTAIRES
PROPOSÉES PAR LE SERVICE DE LA VOIRIE.

Ces voies sont au nombre de trois.

La plus importante est le prolongement de la rue de Crosne entre la rue de Lecat à la place du lavoir Saint-Filleul.

Vient ensuite le prolongement, le long du remblai du chemin de fer, entre la rue de la Croix-d'Yonville et la rue du Renard, de la Rue n° 10, suivant le tracé demandé par le Conseil municipal.

Enfin, une voie partant du point de croisement de cette rue avec celle demandée, a-t-on dit, par un Conseiller municipal, et aboutissant au carrefour du Mont-Ridoudet.

Examinons ces trois voies.

Prolongement de la rue de Crosne. — M. l'Ingénieur-Voyer a enfin pensé, ou admis, qu'il y aurait lieu de prolonger la rue de Crosne.

Sachons-lui en gré ; mais qu'il nous permette de faire remarquer que M. de Crosne ne voulait pas faire aboutir la large voie qui porte maintenant son nom, à la place du lavoir Saint-Filleul, mais bien *à la limite de Rouen, du côté de l'Ouest.*

De plus, il n'aurait pas proposé de prolonger une voie de **24 mètres** par une autre de **12 mètres**, surtout du côté où ce prolongement devrait plutôt être plus large, puisqu'il est destiné à concentrer vers le centre de la ville le trafic venant de l'Ouest.

C'est donc à la barrière du Havre, en utilisant la route neuve entre le carrefour et la barrière, non pas à la place du lavoir Saint-Filleul, que ce prolongement devrait aboutir, et ce, avec la largeur de 24 mètres qu'a la rue de Crosne à l'endroit où on la prend pour la prolonger, c'est-à-dire à son intersection avec la rue de Lecat.

Quel trafic M. l'Ingénieur-Voyer espère-t-il amener vers Rouen, par le prolongement de la rue de Crosne tel qu'il le propose ?

Certes, les habitants des rues Mustel et de la Croix-d'Yonville seraient satisfaits d'avoir les communications plus faciles avec la place du Vieux-Marché, la rue Jeanne-d'Arc et le centre de la ville; mais nous estimons, et beaucoup de nos concitoyens penseront avec nous, qu'un travail de cette importance, une dépense telle que celle qu'occasionnera le prolongement de la rue de Crosne vers l'Ouest, doit profiter à un plus grand nombre, en un mot, donner son *maximum de rendement.*

Nous devons faire remarquer, en outre, que le prolongement de la rue de Crosne, tel qu'il est proposé par le Service de la Voirie, créerait, dans les propriétés traversées, des angles aigus, et qu'il nécessiterait la démolition de plusieurs immeubles que notre tracé évite.

Nous désirons vivement que la rue de Crosne soit prolongée vers l'Ouest, ainsi que cela a été tant de fois demandé, depuis que M. de Crosne en eut le premier l'idée, mais nous croyons que le prolongement proposé par le Service de la Voirie ne répond pas au but désiré par tous ceux qui se sont occupés jusqu'ici de la question.

Le projet du Service est encore une demi-mesure, un *bout de rue* de plus, un travail mesquin indigne d'une grande ville comme Rouen.

Prolongement de la Rue n° 10. — Il nous paraît y avoir quelque audace de la part du Service de la Voirie à s'attribuer la paternité de cette voie, et ce d'autant plus que, quand nous avons indiqué le tracé dans le but d'établir une communication directe avec nos quais pour les quartiers de la rue du Renard, du cimetière de l'Ouest, de la rue Chasselièvre et du Mont-Saint-Aignan, M. l'Ingénieur-Voyer a combattu notre idée jusqu'à prétendre que ce prolongement aurait une pente trop raide pour être utilisé pour les charrois ; il déclara que cette pente serait de 11 centimètres, alors qu'elle ne sera que de 6 centimètres environ.

Nous avons, on le comprendra, de bonnes raisons pour approuver le tracé que le Service de la Voirie a fait sien et qu'il propose aujourd'hui. Toutefois, nous demandons que cette voie nouvelle soit complétée par une autre branche se dirigeant vers l'Ouest, de façon à assurer également aux propriétés situées rue du Renard, à l'Ouest de la deuxième voûte du chemin de fer, une communication *directe* avec nos quais.

On a dit que la Rue n° 10, prolongée le long du remblai, enterrerait les maisons qui se trouveront entre elle et la rue de la Croix-d'Yonville. Ce reproche ne nous paraît pas fondé, car un talus de 2, voire de 3 mètres, ne saurait enterrer une maison, alors surtout qu'il se trouve situé *du côté Nord*.

Le talus que formera, en cet endroit, le prolongement de la Rue n° 10, sera, sauf la perte d'un peu de terrain, plus un avantage qu'un inconvénient pour les maisons situées entre lui et la rue de la Croix-d'Yonville, car il formera un espalier pour ces maisons.

Nous ne sommes pas sans craintes sur la réponse que fera la Compagnie de l'Ouest, si mal disposée pour notre Ville, lorsqu'on lui demandera l'autorisation d'empiéter sur son remblai, mais nous comptons sur l'énergie de ceux qui, en la circonstance, représenteront la Municipalité rouennaise, pour obtenir que cette Compagnie ne nous traite pas avec la désinvolture qu'elle a mise jusqu'ici dans ses réponses pour tout ce qui touche Rouen et son port.

Voie partant de la Rue n° 10 pour aboutir au carrefour du Mont-Riboudet. — C'est encore un de ces *bouts de rue* contre lesquels nous avons déjà protesté. Nous ne pourrions donc que regretter son adoption, d'autant que, contrairement à ce qu'en a dit M. le Rapporteur de la deuxième Commission, ce bout de rue et les autres rues " de traverse " que propose le Service de la Voirie rendraient impossible dans l'avenir, la chose *est évidente*, le prolongement de la rue de Crosne jusqu'à la limite de Rouen, du côté de l'Ouest.

NOTRE PROJET

Nous ne voudrions pas qu'on nous fît le reproche de ne savoir que critiquer, de démolir sans reconstruire, de ne rien proposer en remplacement de ce que nous combattons. Nous avons donc étudié un plan que l'on trouvera joint à celui du Service de la Voirie.

La base de notre projet est le prolongement de la rue de Crosne depuis la rue de Lecat jusqu'à la barrière du Havre, en empruntant, dans la dernière partie, la route neuve du Havre. Nous nous faisons un devoir de reconnaître que ce prolongement n'a pas été inventé par nous. Nous n'avons fait que reprendre une idée qui nous a paru juste et devoir s'imposer un jour.

Nous nous rendons bien compte que sa réalisation est chose difficile — mais non impossible — en raison de l'existence de l'Hôtel-Dieu.

C'est pourquoi, sur le plan. nous avons teinté en vert (couleur des voies à créer plus tard) la partie du prolongement de la rue de Crosne comprise entre les rues de Lecat et du Pré-de la-Bataille.

Dans la partie entre la rue de Lecat et la rue du Pré-de-la-Bataille, le prolongement de la rue de Crosne sera réalisé le jour où l'on aura trouvé la solution pour le déplacement de l'Hôtel-Dieu.

Nous pensons que c'est à ceux à qui ont été confiés les intérêts de la Ville de décider dès maintenant le prolongement de la rue de Crosne entre la rue du Pré-de-la-Bataille et le carrefour du Mont-Riboudet, alors que la chose est facile, par suite du petit nombre et du peu de valeur des immeubles qui seraient frappés par ce prolongement. Plus on attendra, plus la réalisation de ce projet deviendrait difficile et coûteuse.

C'est à l'Administration et au Conseil municipal actuels de dire s'ils veulent attacher leur nom à une entreprise — la transformation complète d'un quartier — qui marquerait dans l'histoire de notre Cité.

Le prolongement de la rue de Crosne jusqu'aux limites de Rouen serait un travail aussi important, et au moins aussi utile, que le percement de la rue Jeanne-d'Arc ; plus utile certainement et beaucoup moins dispendieux que l'élargissement de la rue Grand-Pont.

Dans l'établissement de notre projet, nous nous sommes attaché à parer aux inconvénients que nous avons critiqués ; nous avons essayé de porter le moins possible préjudice aux propriétaires des terrains traversés par les rues que nous avons tracées, soit en conservant, autant que faire se pouvait, à ces terrains des formes régulières, soit en plaçant ces rues à cheval sur leurs limites, ou parallèles à leurs directions. En agissant ainsi, nous avons évité, ainsi que notre plan permettra de s'en rendre compte, les angles aigus impropres à la construction, et dont il y a un si grand nombre dans le projet du Service de la Voirie.

Ce que nous avons cherché à faire, c'est, pour le quartier compris entre l'avenue Pasteur, l'Hôtel-Dieu et la barrière du Havre, un **plan d'ensemble** digne de la Ville de Rouen.

La rue de Crosne prolongée jusqu'à la barrière du Havre est donc *l'artère essentielle* de notre projet ; nous l'avons complété par d'autres voies que nous désignerons sous les titres de *voies principales* et *voies secondaires*.

Les voies principales vont jusqu'au fleuve ; les voies secondaires s'arrêtent à l'avenue du Mont-Riboudet.

Le quartier du Mont-Riboudet, autrement dit des prés Saint-Filleul, ayant la forme d'une cuvette, nous avons dirigé les rues principales et secondaires vers le centre de cette cuvette ; et, comme en se rapprochant du centre elles se rapprochent également l'une de l'autre, nous en avons arrêté une sur deux à un point de son parcours, c'est-à-dire à l'avenue du Mont-Riboudet.

DESSIN EXPLICATIF

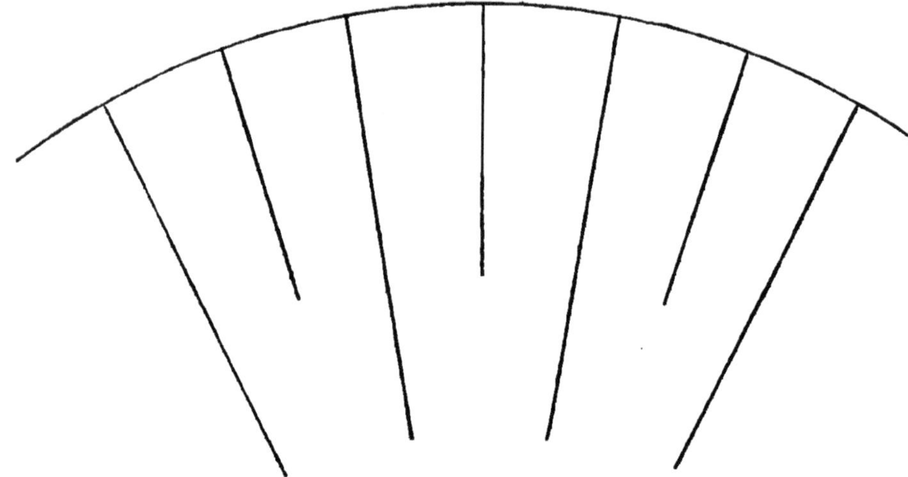

C'est ainsi que nous avons, comme voies principales et voies secondaires, en allant de l'Est à l'Ouest :

VOIES PRINCIPALES.	VOIES SECONDAIRES.
Avenue Pasteur.	
	Rue Dumont-d'Urville.
Rue du Pré-de-la-Bataille.	
	Rue de Tanger.
Rue n° 13.	
	Rue n° 12.
Rue Jean-Ango.	
	Rue Saint-Filleul.
Rue n° 11.	
	Rue Mogador.
Rue n° 10.	
	Rue de la Carue.
Rue Nétien.	

Les voies principales sont naturellement plus larges que les voies secondaires, puisqu'elles sont appelées à avoir plus de trafic.

Prolongement de la rue de Crosne (1).

En prolongeant la rue de Crosne, nous lui conservons naturellement sa largeur de 24 mètres à l'endroit où nous la prenons, c'est-à-dire à son intersection avec la rue de Lecat.

Ce prolongement devant aboutir à un point situé sensiblement au Sud-Ouest de sa direction actuelle, qui est rectiligne, nous l'amenons à ce point par une courbe que nous avons fait passer sur les limites de propriétés.

D'aucuns sont opposés aux voies en courbe; nous croyons, au contraire, qu'elles sont, au point de vue esthétique, préférables aux voies rectilignes.

Dans toutes les grandes cités on construit maintenant des voies en courbe (2). Lorsque ces voies courbes sont bordées d'arbres, elles sont du plus gracieux effet.

N'en avons-nous pas, du reste, un exemple à Rouen, dans le boulevard de Croisset?

Un homme d'esprit nous disait, récemment : *Une voie*

---

(1) Nous devons signaler que, par suite d'une erreur dans l'impression de notre plan, le prolongement de la rue de Crosne a été figuré un peu plus large qu'il ne convient entre la Rue n° 11 et la grande place qui remplacerait le carrefour actuel du Mont-Riboudet.

Il est bien entendu que le prolongement de la rue de Crosne devrait avoir, dans toute sa longueur, *la même largeur* (24 mètres) que la rue de Crosne elle-même à l'endroit où ce prolongement commence, c'est-à-dire à la rue de Lecat.

(2) Ceux qui sont allés à Londres auront certainement remarqué le bel effet que produit la courbe de Regent Street, encore que bordée de maisons d'architecture uniforme, Shaftesbury avenue et Charing Cross road. Ces dernières de construction plus récente et bordées d'arbres.

courbe est le plus court chemin d'un point à un autre, et
ceci est vrai, si l'on ne s'en tient pas seulement à la distance en mètres ou au nombre de pas parcourus.

Rien n'est long comme une longue rue droite dont on ne
voit pas la fin, tandis qu'une voie courbe, aux aspects se
renouvelant à chaque pas, est infiniment moins fatigante à
parcourir.

De plus, la voie courbe se prête aux effets de perspective,
aux constructions à silhouettes recherchées que l'on peut
ainsi regarder dans des angles différents, alors que, dans les
rues droites, il faut les voir *toujours de côté*.

Si la rue de Crosne prolongée est l'artère essentielle de
notre projet, elle en est également le point le plus important et le plus difficile à résoudre, du moins pour la partie
comprise entre la rue de Lecat et la rue Flaubert.

Il faudra d'abord trouver hors de la ville un vaste terrain
bien exposé et d'accès facile, pour y construire le nouvel
Hôtel-Dieu ; on ne peut, en effet, songer à désaffecter l'ancien, sans qu'il y ait un autre hôpital pour le remplacer. Mais
là n'est pas la partie la plus ardue du problème. Choisir
un terrain, l'acheter, faire dresser les plans du nouvel édifice
et le construire, sont choses faciles, car dépenser de l'argent
est aisé ; le trouver est plus difficile.

Toutefois, nous croyons fermement que, par une com-
binaison financière, il doit être possible de trouver les
capitaux nécessaires à cette opération.

L'argent est encore abondant en France, et chacun sait
qu'il se porte volontiers vers les fonds d'Etat ou les
emprunts communaux. Rechercher les moyens de l'intéresser
à l'opération dont nous parlons sortirait du cadre de cette
note ; c'est affaire des financiers.

Nous tenons, néanmoins, à faire remarquer que les terrains *en bordure* des rues Stanislas-Girardin, Flaubert et du
Contrat-Social, que la désaffectation de l'Hôtel-Dieu rendrait

disponibles, et que nous avons indiqués sur notre plan par des hachures rouges, produiraient une grande partie de la somme nécessaire.

Au même but pourraient être affectés, après entente avec l'Etat, les immeubles composant le Quartier-Général du 3ᵉ Corps d'armée, situés rues de Crosne, de Buffon et du Contrat-Social, ainsi que l'Hôtel de l'Etat-Major du dit Corps, existant rue du Moulinet.

Notre projet comporte, en effet, la réunion, dans la partie de l'Hôtel-Dieu située à l'Est de l'église de la Madeleine, — après transformation et remise à neuf, — du Quartier-Général et de l'Etat-Major jusqu'ici trop éloigné de son chef.

Les vieux bâtiments de l'Hôtel-Dieu, édifiés très solidement, avec plus de soin qu'on ne met maintenant aux constructions publiques, sont assez vastes et d'apparence assez harmonieuse, pour qu'on ne les démolisse pas, exception faite, toutefois, pour l'aile centrale qui devrait livrer passage au prolongement de la rue de Crosne.

D'après notre projet, l'*aile Nord-Est* serait réservée à la Société industrielle, actuellement en quête d'un local assez grand pour y installer son musée, qui chaque jour se développe, ainsi que des salles pour ses divers comités et ses assemblées générales.

La Société industrielle et son musée seraient, là, bien placés, puisqu'ils se trouveraient en plein quartier du coton. Peut-être pourrait-on y transporter la Bourse du vendredi, et l'y mettre à couvert. Peut-être aussi y créer un véritable cercle commercial et industriel, semblable à ceux qui existent dans nos grandes villes du Nord et à l'Etranger.

Il est évident, en tous cas, que l'on trouverait facilement l'emploi de tous les locaux rendus libres par la désaffectation de l'aile Nord-Est de l'Hôtel-Dieu ; quelque grands qu'ils soient, ils seront encore trop petits pour tous les usages que l'on proposera d'en faire.

L'aile Sud-Ouest serait transformée — transformation

facile — en un **Hôpital de secours immédiats** qui servirait de cliniques pour l'Ecole de Médecine, laquelle trouverait dans *l'aile Nord-Ouest* de l'ancien Hôtel-Dieu le local qu'elle cherche depuis si longtemps, et qui nous paraîtrait répondre admirablement à tous ses besoins, puisque là pourrait être réuni tout ce qui est nécessaire à l'enseignement et la pratique de la médecine, de l'anatomie, de la bactériologie, de la chimie et de la pharmacie.

Aucun autre endroit ne se prêterait aussi avantageusement à la réunion de tous ces services. L'anatomie et la bactériologie, notamment, y trouveraient place, sans crainte des protestations que soulèverait inévitablement leur installation en plein quartier populeux, comme celui de la Haute-Vieille-Tour.

Nous insistons sur ce point qu'installée dans une des ailes de l'ancien Hôtel-Dieu, l'Ecole de Médecine aurait à sa portée, tout près d'elle, les facilités qu'elle ne trouverait *nulle part ailleurs* : réunion de tous les services, et en particulier, des cliniques médicale et chirurgicale, voire même clinique d'accouchement, qu'il serait facile d'y créer.

Quant au laboratoire de bactériologie, actuellement installé dans un immeuble *loué* à cet effet, rue Stanislas-Girardin, il serait également aisé de lui trouver un local convenable dans les mêmes bâtiments.

De telle sorte que tout ce qui peut servir à l'instruction et à l'enseignement pratique de nos futurs chirurgiens et médecins serait réuni *en un même endroit*.

Eglise Sainte-Madeleine. — On objectera sans doute que l'église Sainte-Madeleine empiéterait sur la rue de Crosne prolongée. Nous devons donc faire remarquer que, si le plan de la Ville sur lequel nous nous sommes basé est exact, cet empiètement n'aurait lieu que par la sacristie. Or, en admettant qu'on tienne à avoir un alignement parfait, il ne devrait pas être difficile d'obtenir de la Fabrique de la dite église qu'elle contribue au déplacement de la sacristie, d'autant qu'elle est très mal située et fort incommode.

Ce déplacement serait d'autant plus facile — encore que nous n'en voyions pas la nécessité absolue, puisque, d'après le plan, elle n'empièterait que sur le trottoir de la rue de Crosne prolongée, et qu'il y a maintes villes où l'on voit des monuments ainsi placés — que dans notre projet nous isolons le monument et faisons passer de chaque côté une rue destinée à relier l'avenue Pasteur à la rue de Crosne prolongée. On pourrait donc construire une autre sacristie sur le côté de l'église en façade sur l'une de ces rues.

VOIES PRINCIPALES

Avenue Pasteur. — Dans notre projet, l'avenue Pasteur serait, ainsi que nous venons de le dire, reliée à la rue de Crosne prolongée par deux rues passant de chaque côté de l'église de Sainte-Madeleine.

Au Sud, cette avenue serait prolongée sur le terre-plein du quai par une double ou triple rangée d'arbres de chaque côté, jusqu'à l'alignement du quai de Boisguilbert.

Cette disposition aurait pour avantage d'augmenter d'environ 70 mètres la longueur de l'avenue Pasteur, qui serait une des plus belles que nous ayons à Rouen (sa largeur est de 50 mètres), si ses arbres étaient bien entretenus, et si, surtout, on n'avait eu la malencontreuse idée de construire en son milieu, comme poste de police, un vilain bâtiment qui est placé de telle façon que les agents ne peuvent entrer ou sortir qu'on ne les voie d'un point quelconque de l'avenue, et même des rues voisines.

Pour l'honneur *et la sécurité* du quartier, nous demandons que ce bâtiment soit démoli et le poste de police placé

dans un immeuble du voisinage d'où les agents puissent
entrer et sortir sans être vus *de loin*.

Nous espérons que l'Administration municipale, qui n'hé-
site pas à réparer les erreurs commises, voudra bien prendre
en considération cette requête, qui est l'expression d'un vœu
depuis longtemps formé par tous les habitants du quartier.
Pour s'en convaincre, il suffirait de se reporter aux protestations qui se sont élevées lors de la construction de cet
« édifice municipal ».

Le prolongement de l'avenue Pasteur par une emprise
sur les terre-pleins des quais, en cet endroit très larges,
plus larges qu'il ne faut, aurait encore pour avantages : de
permettre le prolongement de la rangée Sud des arbres de
l'avenue du Mont-Riboudet jusqu'à l'avenue Pasteur; *de
canaliser* le trafic venant de la dite avenue ou du quai du
Mont-Riboudet vers le quai de Boisguilbert; d'établir une
chaussée sur laquelle passeront les voitures au lieu de se
perdre dans cet espace informe et mal pavé qui existe actuellement entre le bâtiment des machines de la Chambre de
Commerce et la bascule de l'Octroi; enfin, de mettre un peu
de verdure en cet endroit, qui sera bientôt le centre de nos
quais de la rive droite, et de procurer ainsi un peu d'ombre,
en été, aux ouvriers qui y travaillent.

Qu'on ne dise pas que ce serait du terrain perdu pour le
commerce maritime, car, comme chacun a pu le consta-
ter, ce grand espace n'est jamais occupé, excepté par des
objets qui seraient beaucoup mieux ailleurs : voitures chargées de charbons ou de bois, apparaux de déchargement, tas
de vieux pavés ou autres matériaux, etc.

Quai de Boisguilbert. — Puisque nous sommes amené
à parler de ce quai, débaptisé si mal à propos, conti-
nuons la série de nos vœux et demandons que son nom
primitif lui soit rendu, que son alignement du côté des magasins, sur lequel nous avons attiré l'attention de l'Administration municipale, soit rectifié, ainsi qu'il en a été

décidé, et que l'on profite de l'occasion pour prolonger jusqu'à l'avenue Pasteur la double rangée d'arbres du boulevart de Croisset qui, ainsi, aurait son point de départ en belle place.

La présence d'arbres dans cette partie de nos quais ne nuirait en aucune façon au commerce, pas plus que ne lui nuisent les arbres du boulevart de Croisset, et cela contribuerait à l'ornement et à l'assainissement du quartier.

Rue du Pré-de-la-Bataille. — La rue du Pré-de-la-Bataille est une belle voie de 14 mètres qui n'a pas d'issue au Nord. Le prolongement de la rue de Crosne lui en assurerait une.

Nous demandons que, du côté Sud, cette rue soit prolongée jusqu'au quai dès que la chose sera possible. C'est pourquoi, sur notre plan, ce prolongement est teinté en vert.

Nous ne voudrions pas être augure de malheur, mais il nous semble que l'occasion ne sera pas bien des années à se présenter, s'il est vrai que le sort des scieries et établissements du même genre est de disparaître par le feu.

Les propriétaires de l'établissement qui, actuellement, empêcherait le prolongement de la rue du Pré-de-la-Bataille jusqu'au quai, sont gens d'initiative et intéressés eux-mêmes à tout ce qui peut développer à Rouen la construction; ils possèdent un terrain qui, traversé en son milieu par une rue large, en augmenterait considérablement la valeur. Ceci nous amène à penser qu'ils ne seraient peut-être pas opposés à une entente qui permettrait à la Ville de prolonger la rue du Pré-de-la-Bataille jusqu'aux quais, et à eux-mêmes de transporter ailleurs leur industrie qui prend chaque jour plus de développement.

Rue nᵒ 13. — Cette rue, qui partirait du point le plus bas de la rue Stanislas-Girardin, dans sa partie comprise entre les rues de Tauger et du Framboisier, aboutirait en droite ligne au quai de Boisguilbert, à une distance de la rue du Pré-de-la-Bataille prolongée, *égale* à celle qui sépare cette dernière rue de l'avenue Pasteur.

La création de la Rue n° 13 ne nécessiterait la démolition que d'un hangar, qu'il serait facile de transporter ailleurs, et d'une maison de peu de valeur.

L'exécution de cette rue nous paraîtrait donc s'imposer dès maintenant, exception étant faite, toutefois, pour la partie comprise entre la rue de Constantine et la rue de Crosne prolongée, afin de ne pas enlever à sa propriétaire actuelle la jouissance d'un beau jardin.

Nous faisons remarquer que la Rue n° 13 suit la direction des terrains auxquels elle laisse leurs formes régulières, et que, par son exécution, l'école Franklin se trouverait, comme l'école Sévigné sa voisine, placée à l'encoignure d'une rue, ce qui est préférable pour les facilités d'accès et d'hygiène des enfants.

Dans la partie comprise entre la rue Stanislas-Girardin et le prolongement de la rue de Crosne, la pente de la Rue n° 13 serait un peu raide — pas plus raide, toutefois, que ne l'est la rue de Tanger entre ces deux mêmes voies, c'est-à-dire environ 8 centimètres par mètre — mais cette partie est nécessaire pour la construction de l'aqueduc qui prendra les eaux de la rue Stanislas-Girardin et qui remplacera la rigole qui existe actuellement dans la même direction.

Rue Jean-Ango. — Cette rue existe déjà entre le quai de Boisguilbert et l'avenue du Mont-Riboudet ; elle a, dans cette partie, une largeur de **18 mètres**, et le Service de la Voirie propose de la prolonger, avec une largeur de **10 mètres seulement** et en traversant *obliquement* les terrains, afin d'aboutir à la rue (?) du Framboisier !

Nous demandons que la rue Jean-Ango — qui sera *la rue centrale* du quartier du Mont-Riboudet, ainsi qu'il est facile de s'en rendre compte sur le plan — soit prolongée *à sa largeur ac uelle;* qu'elle suive la direction des terrains, ce qui ne l'empêchera pas d'aboutir près de la rue du Framboisier et au bas de la rue projetée pour relier la rue Mustel à la rue Stanislas-Girardin; enfin, qu'à son intersection avec l'avenue du Mont-Riboudet, il soit créé un rond-point, facile à faire, puisqu'aucune construction ne s'y oppose; il est à remarquer qu'il se trouverait *exactement au milieu* de l'avenue du Mont-Riboudet, c'est-à-dire à égales distances entre l'avenue Pasteur et la grande place qui remplacerait l'informe carrefour actuel.

Ce rond-point — qui, sur notre plan, est figuré un peu trop petit, puisqu'il n'a que 54 mètres et devrait en avoir 60, comme les places Martainville et Saint-Hilaire — serait le point de départ de la rue de Lillebonne; et c'est bien le moins, en effet, qu'une rue large de 18 mètres parte d'une place ou d'un rond-point.

La construction du prolongement de la rue Jean-Ango, tel que nous le demandons, ne nécessiterait la démolition que d'une vieille maison de peu de valeur.

Ce serait, croyons-nous, une des premières rues à créer, sinon la première, en considération qu'une partie est déjà faite et qu'elle est située *au centre* du quartier.

Les personnes qui ne connaissent pas la rue du Framboisier pourraient s'étonner que nous ne la prenions pas, ainsi que l'a fait le Service de la Voirie, comme point de direction pour le prolongement de la rue Jean-Ango; c'est que cette prétendue rue n'est qu'un raidillon dont la pente, de 15 à 18 centimètres par mètre, la rend inaccessible aux voitures. N'est-ce pas en raison de cela même, du reste, que le Service de la Voirie a reconnu la nécessité de créer une rue en biais qui part de la rue Mustel pour aboutir à la rue Stanislas-Girardin? On peut donc dire qu'il n'y a aucune nécessité à faire aboutir la rue Jean-Ango à la rue du Frambroisier.

Rue n° 11. — Cette rue, qui partirait de la rue Mustel,

aboutirait au boulevart de Croisset, en traversant la rue de Crosne prolongée, la rue de Constantine, l'avenue du Mont-Riboudet et la rue de Lillebonne.

Le principal avantage de cette rue, qui aboutirait sur le quai, à une distance de la rue Jean-Ango *égale* à celle qui sépare cette dernière rue de la rue N° 13, serait de faire disparaître le ruisseau profond, malsain et dangereux, qui existe actuellement entre l'avenue du Mont-Riboudet et le boulevart de Croisset.

Sa construction nécessiterait la démolition de quelques maisons sans grande importance situées sur le côté Nord de l'avenue du Mont-Riboudet.

D'après le plan, l'habitation de Mme veuve Berthelot serait atteinte; mais nous croyons qu'on pourra éviter d'y toucher lorsque l'on dressera le projet d'exécution. Il ne faut pas oublier, en effet, que le plan actuel de la ville, celui sur lequel a été établi le projet de la voirie et dont nous avons dû nous servir nous-même, n'est pas d'une exactitude *absolue*.

Nous ne voudrions pas que l'on voie, dans cette remarque, rendue nécessaire, encore une critique contre le Service actuel de la Voirie. Il y a pourtant des personnes qui pensent que du moment que M. l'Ingénieur-Voyer a signé de son nom un plan récent de la ville de Rouen (1899), il aurait été bon que ce plan fût **révisé et corrigé**.

Si nous n'avons pas fait aboutir la Rue n° 11 en face la rue du Colombier, c'est parce que, comme celle du Framboisier, c'est un raidillon inaccessible aux voitures, puisque sa pente est *en moyenne* de 17 centimètres.

Rue n° 10. — Cette rue ayant fait l'objet d'un chapitre spécial, nous n'y revenons que pour parler de la branche qui la continuerait vers l'Ouest.

Dans une réunion récente de la deuxième Commission municipale (Commission de la Voirie), M. l'Ingénieur-Voyer, pour combattre la création de cette deuxième branche, a prétendu qu'elle aurait une pente *de 15 centimètres et demi* par mètre. Or, d'après la vérification à laquelle nous nous sommes livré, la différence de niveau entre le milieu de la chaussée de la rue de la Croix-d'Yonville, à l'endroit où passerait la Rue n° 10, suivant le tracé demandé par le Conseil municipal, et les rails du tramway dans la rue du Renard, en face la rue de la Carue, est de 15 mètres exactement. Or, comme la branche en question aurait une longueur d'environ 140 mètres (en supposant que la Rue n° 10 passe entre les deux maisons), la pente de la branche Ouest serait : $\dfrac{15}{140} = 0,107$, soit moins de 11 centimètres par mètre. On comprendra que nous ayons tenu à citer ce nouvel exemple de la façon dont M. l'Ingénieur-Voyer combat les projets qui ne sont pas de lui.

Si le Conseil municipal adoptait, pour la Rue n° 10, le tracé en ligne droite que nous avons proposé, la pente de la branche vers l'Ouest serait diminuée, puisque, la différence de niveau à gagner restant la même, le chemin à parcourir serait plus long d'une vingtaine de mètres.

Dans ce cas, la pente ne serait plus que $\dfrac{15}{160} = 0,0937$, soit un peu plus de 9 centimètres par mètre, c'est-à-dire une pente semblable à celle des rues de Lecat ou de Buffon dans leurs parties comprises entre la rue Stanislas-Girardin et la rue du Renard. Nous faisons cette comparaison parce que les rues de Lecat et de Buffon, dans ces parties, sont fréquemment utilisées par les voitures lourdement chargées qui y apportent des cotonnades. On ne peut donc pas dire que la branche de la Rue n° 10 se dirigeant vers l'Ouest aurait, ainsi que l'a prétendu M. l'Ingénieur-Voyer, une pente qui la rendrait inaccessible aux voitures. Cette partie de rue serait certainement d'un accès plus facile que beaucoup de voies dues à l'initiative du Chef actuel de notre Service de la Voirie.

Rue Nétien. — De cette rue, créée depuis déjà quelque temps, nous n'avons que peu de chose à dire.

Elle aboutirait dans l'angle Sud-Ouest de la grande place, que nous voudrions voir construire au carrefour du Mont-Riboudet ; à ce sujet, nous devons signaler que la Ville, en cet endroit, pourrait revendre quelques mètres de terrain en supprimant un pan-coupé trop grand et inutile, situé à l'angle de la rue Nétien et d'une amorce de rue non dénommée, ainsi, du reste, que les pans coupés *de 20 mètres* qui ont été faits au point de jonction de cette rue avec le boulevart de Croisset.

Puisque nous parlons de la rue Nétien, profitons-en pour faire à nouveau ressortir que la rue de Lillebonne la traverserait en son *milieu* et en son point *le plus bas*, si, comme nous l'avons demandé, et comme cela a été approuvé par la Chambre de Commerce, on lui fait suivre la direction du chemin qui dessert actuellement les prairies du Mont-Riboudet.

VOIES SECONDAIRES

Rue Dumont-d'Urville. — La première de ces voies est la rue Dumont-d'Urville déjà créée, mais qu'il y aurait peut-être lieu de prolonger un jour, pour établir une communication avec la rue Flaubert. Nous n'avons pas cru, toutefois, devoir faire figurer ce prolongement sur notre projet, parce que les immeubles qu'il faudrait acquérir sont importants et ne paraissent pas devoir subir, de longtemps, des changements.

Rue de Tanger. — Rien à en dire, puisqu'elle est construite dans toute la longueur qu'elle peut avoir, c'est-à-dire entre l'avenue du Mont-Riboudet et la rue Stanislas-Girardin.

Rue n° 12 partirait de la rue de Crosne prolongée pour aboutir à l'avenue du Mont-Riboudet, en traversant la rue de Constantine et la rue Emile-Leudet également prolongée.

Nous faisons remarquer que la Rue n° 12 passerait sur ou en bordure des limites des propriétés auxquelles, par suite, elle conserverait des formes régulières. Sa construction ne nécessiterait la démolition que d'un bâtiment de peu de valeur.

Rue Saint-Filleul est complètement créée.

Rue Mogador devrait être prolongée jusqu'à la rue de Crosne, par l'acquisition d'un terrain déjà en partie empierré.

Nous devons signaler que, sur notre plan, la teinte jaune devrait s'étendre sur le chemin qui conduit de la rue de Constantine à l'établissement Manchon, puisque ce chemin est propriété particulière et qu'il faudrait l'acquérir, comme l'autre moitié.

Rue de la Carue. — Bien que cette rue ne puisse rendre de grands services, en raison de sa pente, qui est de 16 centimètres en certains endroits, il faudra, croyons-nous, l'élargir, afin de permettre à deux voitures de s'y croiser ; c'est, du reste, ce qui a été déjà fait dans le bas de la dite rue.

Rue de la Croix-d'Yonville (prolongement). — Il nous a semblé qu'il y aurait intérêt à prolonger, ou plutôt à détourner, la rue de la Croix-d'Yonville, pour la faire aboutir à la grande place du Mont-Riboudet ; mais nous dirons franchement que ce prolongement ne nous satisfait pas complètement, en ce qu'il traverse en biais les terrains. Il y aurait donc lieu d'examiner la question avec les intéressés.

Rue Emile-Leudet (prolongement). — La rue Emile-Leudet, de construction récente, serait, dans notre projet, prolongée vers l'Ouest, en traversant la rue du Pré-de-la-

Bataille, la rue de Tanger, les Rues n° 13 et n° 12, pour aboutir à la rue Jean-Ango, à égales distances de l'avenue du Mont-Riboudet et de la rue de Constantine.

Ce prolongement ne serait évidemment pas possible présentement entre les rues du Pré-de-la-Bataille et n° 13, par suite de l'existence d'établissements industriels importants. Mais l'industrie est en perpétuelle transformation, les usines se rapprochent de plus en plus des voies ferrées et des cours d'eau, des centres où les ouvriers trouvent à se loger à bas prix, et où, partant, la main-d'œuvre est à bon compte ; d'un autre côté, les terrains propres à la construction d'habitations urbaines, de par leur valeur même, ne portent pas longtemps des établissements industriels auxquels il faut des terrains à bon marché et où ils puissent s'étendre.

Il y a donc lieu de supposer que, dans un avenir qui n'est peut-être pas très éloigné, les usines qui empêcheraient actuellement le prolongement de la rue Emile-Leudet vers l'Ouest se transformeront, et que l'on pourra alors effectuer ce prolongement.

Dans cette perspective, il y aurait lieu, dès maintenant, de le prévoir, dans la partie où il est non-seulement possible, mais facile, c'est-à-dire entre la Rue n° 13 et la rue Jean-Ango.

Le prolongement de la rue Emile-Leudet entre ces deux dernières rues ne rencontrerait aucun obstacle ; les terrains qu'il aurait à traverser sont actuellement libres de toute construction. Nous ferons remarquer, de plus, que la rue Emile-Leudet, ainsi prolongée, partagerait le grand quadrilatère compris entre l'avenue du Mont-Riboudet, la rue de Constantine, les Rues n° 13 et Jean-Ango prolongée, en quatre autres quadrilatères de contenances à peu près égales.

Ecoulement des eaux. — Assurer l'écoulement *rationnel* des eaux dans une grande ville, et donner aux aqueducs des directions de tous points satisfaisantes, n'est pas chose facile. Pour faire bien, il faut, il nous semble, suivre, autant que possible, les règles de la nature, et, notamment, adopter, pour l'écoulement des eaux, les directions qu'elle-même a choisies.

C'est pourquoi nous avons tant insisté, et insistons encore, pour que la Rue n° 10 emprunte le passage Burette — ainsi que, du reste, le Conseil municipal l'a demandé — et que cette rue soit continuée vers le Nord en la mettant à cheval sur le ruisseau qui débouche près de l'impasse du Meslier, afin d'utiliser sa pente et de le faire disparaître.

Le Service de la Voirie, lui-même, l'a si bien compris que, dans son projet, il propose la création d'un bout de rue dont le but évident est d'englober le ruisseau en question et de le remplacer par un aqueduc, mais pour le conduire ensuite à la place Mogador, au lieu de lui laisser suivre la direction *naturelle* des eaux.

C'est pour la même raison que nous avons proposé la Rue n° 11, telle qu'elle est tracée sur notre plan, car, ainsi, elle supprimerait le ruisseau existant entre l'avenue du Mont-Riboudet et le boulevart de Croisset; que nous avons fait partir la Rue n° 13 du point le plus bas de la rue Stanislas-Girardin, entre les rues de Tanger et du Framboisier, et que nous insistons également pour que la rue de Lillebonne traverse la rue Nétien, au même endroit que le chemin de servitude, qui est en même temps son point *le plus bas*.

L'écoulement des eaux de la rue de Crosne prolongée serait facile à assurer, puisqu'il y aurait, à sa jonction avec la rue de Tanger, *un point haut* permettant d'envoyer les eaux pour la grande partie vers l'Ouest, l'autre vers la ville, dans les aqueducs déjà existants.

Places et jardins publics. — Partisan de tout ce qui peut contribuer à améliorer l'hygiène, nous avons, dans notre projet, réservé quatre places publiques et figuré beaucoup d'arbres.

C'est, d'abord, la place qui terminerait l'avenue Pasteur du côté des quais, et qui serait plantée de platanes en quinconces ; cette place serait carrée et aurait environ 60 mètres de côté.

Ensuite, le rond-point situé *au milieu* de l'avenue du Mont-Riboudet, au point de croisement de cette avenue avec la rue Jean-Ango et de départ de la rue de Lillebonne.

On comprendra l'utilité de ce croisement, ne serait-ce que pour donner à la rue de Lillebonne un aboutissant en rapport avec son importance, puisqu'elle doit avoir 18 mètres de largeur et qu'elle sera très fréquentée le jour où le bassin à flot sera construit.

Nous avons déjà fait remarquer que, sur notre plan, le rond-point dont il s'agit est figuré trop petit : il n'a qu'un diamètre de 54 mètres, alors qu'il devrait être *de 60 mètres*, c'est-à-dire avoir la même dimension que les places Martainville ou Saint-Hilaire.

Chacun reconnaîtra que ces deux places, de même que la place Cauchoise, également circulaire, ont contribué pour beaucoup à améliorer le quartier où elles se trouvent.

La plus grande de notre projet serait la **grande place** qui remplacerait le carrefour actuel du Mont-Riboudet et qui servirait d'aboutissant ou de point de départ à la rue de Crosne prolongée, à la rue de Constantine, à l'avenue du Mont-Riboudet (côté de Rouen), à la rue Nétien, à la rue Félix-Faure, à la Route neuve du Havre, à l'avenue du Mont-Riboudet (côté de Maromme), et, enfin, au prolongement de la rue de la Croix-d'Yonville.

Donner à cette grande place une forme **régulière** n'était pas chose facile, en raison de la diversité de largeurs et de directions des voies qui y aboutissent. Nous croyons avoir réussi en prenant pour base le côté Sud du tronçon de rue, récemment créé, qui réunit la rue Nétien à l'avenue du Mont-Riboudet, et pour côté opposé, la façade d'un immeuble qui se trouve être parallèle à cette base. Nous avons, ainsi, obtenu les deux côtés, les plus longs, d'un rectangle. Les deux autres côtés ont été déterminés : à l'Ouest, par la limite d'un terrain dont le prolongement passe à l'un des angles de la maison faisant l'encoignure de l'avenue du Mont-Riboudet et de la rue de Constantine; à l'Est, par une ligne parallèle à la dernière et qui comprendrait dans la place un immeuble déjà appelé à disparaître pour le prolongement de la rue Nétien.

La grande place, ainsi construite, formerait un rectangle parfait, ayant 112 mètres dans un sens et 75 mètres dans l'autre. Sa direction serait exactement Est-Ouest, c'est-à-dire que le côté sur lequel il y aurait le plus de constructions serait exposé au Midi.

L'utilité d'une grande place, à un endroit où se réunissent *sept voies*, dont deux très larges : l'avenue du Mont-Riboudet et la rue de Crosne prolongée; deux autres moins larges : la Route neuve du Havre et la rue Félix-Faure, mais non moins fréquentées, nous paraît se démontrer d'elle-même.

Cette grande place serait la véritable *entrée de Rouen* du côté de l'Ouest; c'est là que les arrivants choisiraient, ou la rue de Crosne, pour se rendre soit dans le centre de la ville, soit dans les quartiers Cauchoise ou Saint-Gervais, ou l'avenue du Mont-Riboudet, pour arriver à nos quais et au bas de la ville, ou, enfin, la rue Nétien, pour aller livrer ou prendre les marchandises qui seraient en dépôt dans la partie des quais comprise entre elle et l'avenue Pasteur.

Il va sans dire que la grande place serait entourée d'arbres pour l'orner et pour la mieux unir à l'avenue du Mont-Riboudet, ainsi qu'à la rue de Crosne prolongée.

L'église Sainte-Madeleine, isolée au Nord par le prolongement de la rue de Crosne, à l'Est et à l'Ouest par deux rues à créer. se trouverait ainsi sur une véritable place ; c'est la quatrième de notre projet.

Jardin public. — Nous voudrions aussi que, dans le quartier nouveau, fût ménagé un emplacement pour un jardin public où les enfants et les vieillards puissent aller se promener et, dans la belle saison, se chauffer au soleil.

L'emplacement de ce jardin nous paraît tout indiqué dans un des quadrilatères compris entre la rue de Constantine et la rue de Crosne prolongée.

Marché public. — Il y aurait lieu également de prévoir un marché public tel qu'il doit en exister dans toute agglomération d'habitants.

Ce marché nous paraîtrait bien placé dans le rectangle compris entre la rue de Constantine et les Rues n° 12 et Jean-Ango prolongée.

Si, sur notre plan, nous n'avons pas figuré ces jardin et marché publics, c'est que nous n'avons pas la prétention de créer un quartier de toutes pièces ; toutefois, il nous a paru bon de signaler ce qu'il faudrait faire pour le rendre agréable, commode et sain.

Plantations. — Si nous demandons que l'on plante d'arbres toutes les voies principales, ce n'est pas seulement au point de vue décoratif, mais pour l'hygiène du quartier. On sait, en effet, que les arbres, par leurs racines qui « pompent » l'humidité du sol, par leurs branches et leurs feuillages qui débarrassent l'air de l'acide carbonique qu'il contient, sont les meilleurs auxiliaires de l'hygiène publique. Pourquoi construit-on maintenant hôpitaux, hospices et sanatoria dans des endroits boisés, si ce n'est pour profiter de la salubrité que donnent les arbres ?

Et puis, les arbres ne sont-ils pas le plus bel ornement que la nature a mis à notre disposition pour décorer les villes ? Exemples : les boulevarts de Paris, les quais de Lyon, les allées du Prado à Marseille, les Quinconces à Bordeaux, et, sans aller si loin, les avenues de Vernon.

Les arbres de haut jet abattent le vent dans les rues

situées à l'Ouest, et il y en aura beaucoup dans le quartier
du Mont-Riboudet ; ils ont, de plus, l'avantage de diminuer,
en été, l'ardeur du soleil.

Donc, des arbres et beaucoup d'arbres. On peut presque
dire qu'il n'y en aura jamais trop.

Et puis, ce n'est pas une grande dépense.

Différence de valeur des terrains
dans les deux projets.

Si l'on compare notre projet et celui du Service de la
Voirie, au point de vue de la valeur qu'ils procureraient
aux terrains, on admettra que le nôtre est plus avanta-
geux, parce que nous conservons aux terrains des formes
régulières, et qu'aussi le tracé des rues que nous proposons ferait de ce quartier la continuation de la ville même,
tandis que les voies « de traverse » dessinées par le Service
de la Voirie lui maintiendraient l'aspect *de faubourg*, qu'il
a présentement.

Le prolongement de la rue de Crosne, tel qu'il est proposé par M. l'Ingénieur-Voyer, se dirigeant vers le Nord-
Ouest, les maisons les mieux placées seraient toutes
exposées au Sud-Ouest, c'est-à-dire **aux pluies et vents**
régnant à Rouen, tandis que, d'après notre projet, en
raison de la courbe que décrirait la rue de Crosne prolongée,
et qui lui ferait prendre, dans sa dernière partie, la direction
Est-Ouest, les façades d'un des côtés de la rue seraient
exposées en plein Sud.

En outre, il est facile de comprendre que des immeubles
édifiés sur des voies de 24, 18 et 12 mètres, comme nous
les demandons, auraient plus de valeur que ceux cons-
truits sur les rues de 10 et 12 mètres de largeur que propose le Service de la Voirie.

Enfin, les prolongements, tels nous les proposons, des
rues de Crosne et Émile-Leudet traverseraient des terrains
à peu près plats, tandis que dans le projet du Service

pour la rue de Crosne, les terrains traversés sont coupés avec une inclinaison qui rendrait les constructions plus difficiles, et, par suite, diminuerait la valeur des propriétés.

CONCLUSION

A ceux qui trouveront que notre projet est trop grand, trop dispendieux pour les finances de la Ville dans leur état actuel, nous répondrons que nous ne demandons pas qu'il soit exécuté immédiatement, malgré toute la satisfaction que nous éprouverions à le voir réalisé.

Ce que nous désirons, c'est appeler l'attention de nos concitoyens sur cette question très importante, afin qu'ils puissent l'étudier, et qu'une décision — décision grave — ne soit prise qu'après un examen approfondi.

Notre but est, aujourd'hui, d'empêcher l'adoption des *rues de traverse* proposées par le Service de la Voirie, car cette adoption rendrait désormais impossible la réalisation du projet de M. de Crosne et de tant d'autres qui, depuis lui et jusqu'à nous, se sont préoccupés, non pas seulement de satisfaire à des besoins du présent, mais d'assurer *l'avenir* de notre Cité.

Nous voudrions qu'il soit établi un **plan d'ensemble** inspiré des idées larges de ceux qui nous ont précédés, afin que ne soit pas à tout jamais perdu par des rues en tous sens un quartier, qui est *le dernier* dans lequel Rouen puisse s'étendre sur la rive droite.

Il ne faut pas oublier, en effet, que la Ville approche de ses limites du côté de l'Ouest et qu'il n'y a pas à songer à créer des rues à habitations dans les prairies du Mont-Riboudet; d'abord, parce que ces prairies, situées près du fleuve et au bas d'une vallée industrielle, doivent être réservées au développement du Port et aux industries qui s'y rattachent ; ensuite, parce que les terrains, propres à la création de quais, magasins, voire d'établissements, ne sont nullement propices à des constructions à étages.

Si l'état des finances de la Ville rend impossible présentement la réalisation d'un projet aussi vaste que celui que nous soumettons à l'examen de nos concitoyens, il nous semble qu'on pourrait, après étude, créer les artères principales dans les parties où elles ne rencontreraient que peu ou pas d'obstacles, laissant ainsi à ceux qui viendraient après nous le soin de compléter l'exécution **du projet d'ensemble** qui serait adopté.

Ce qui n'a pu être fait hier n'est peut-être pas impossible aujourd'hui, et, en tout cas, sera réalisable demain ; préparons cette réalisation, afin de maintenir à la Ville de Rouen son titre mérité de Capitale de la Normandie.

Franços DEPEAUX,

ROUEN. — IMPRIMERIE JULIEN LECERF.